Revue générale

~~ues~~ Sciences

pures et appliquées

DIRECTEUR : **LOUIS OLIVIER**, Docteur ès sciences

Adresser tout ce qui concerne la rédaction à M. L. OLIVIER, 22, rue du Général-Foy, à Paris.

TOMBOUCTOU

(Conférence faite au Muséum d'Histoire naturelle.)

PAR

E.-T. HAMY

MEMBRE DE L'INSTITUT, PROFESSEUR AU MUSÉUM
D'HISTOIRE NATURELLE

Extrait de la *Revue générale des Sciences* du 30 Octobre 1902.

Librairie Armand Colin

Rue de Mézières, 5, Paris

La Revue paraît à Paris le 15 et le 30 de chaque mois. Prix du Numéro : **1 fr. 25**

ABONNEMENT ANNUEL : Paris	20 fr.	ABONNEMENT SEMESTRIEL : Paris	11 fr.
— Départements et Alsace-Lorraine	22 fr.	— Départements et Alsace-Lorraine	12 fr.
— Colonies et Union postale	25 fr.	— Colonies et Union postale	13 fr.

(Les Abonnements partent du 15 de chaque mois.)

Les annonces sont reçues chez M. Ch.-O. COMMUNAY, 19, boulevard Montmartre, régisseur exclusif de la publicité de la *Revue*

E.-T. HAMY

MEMBRE DE L'INSTITUT, PROFESSEUR AU MUSÉUM
D'HISTOIRE NATURELLE

Tombouctou

CONFÉRENCE

FAITE AU MUSÉUM D'HISTOIRE NATURELLE

Extrait de la *Revue générale des Sciences* du 30 Octobre 1902.

Librairie Armand Colin

Rue de Mézières, 5, Paris

TOMBOUCTOU

Conférence faite au Muséum d'Histoire naturelle [1].

Mesdames, Messieurs,

Vous connaissez, sans aucun doute, ce dicton familier aux musulmans : « Si Mahomet ne va pas à la montagne, c'est la montagne qui vient à Mahomet ». Ce miracle du prophète s'est produit chaque dimanche sous vos yeux depuis quelques semaines dans cet amphithéâtre : les montagnes ont vraiment marché vers vous, les horizons se sont abaissés et étendus et le champ de la science s'est largement ouvert devant vos pas.

A mon tour, après les distingués collègues qui m'ont ici précédé, j'amène aussi à votre rencontre ma petite montagne, une montagne toute couverte de productions inconnues. Je viens mettre sous vos yeux des choses nouvelles, que les plus savants n'ont point vues. La vieille métropole des Noirs, devenue, depuis quelques années, chef-lieu d'un *cercle* du Soudan français, va vous dévoiler ses secrets : Tombouctou la mystérieuse n'aura plus de mystères pour vous.

En contemplant, dans quelques instants, ces suites de vues, de scènes, de types ethniques qui vont vous faire connaître jusque dans ses détails la vieille cité marchande du désert et ses habitants si variés et si curieux, donnez, je vous prie, un souvenir à l'infortuné voyageur qui composa naguère en grande partie cette collection unique. Le Docteur Sibut avait passé de longs mois à Tombouctou avant de prendre place dans les rangs de la Mission Gentil, où la mort est venue le surprendre ; c'est l'œuvre de cet explorateur, brutalement enlevé, jeune encore, à la patrie et à la science, que je vais rapidement commenter en vous la présentant.

I

Mais il me faut auparavant vous dire quelques mots de l'histoire de Tombouctou, de sa fondation, de ses accroissements, de sa prospérité et de sa décadence, de René Caillié, sur lequel j'ai pu réunir divers renseignements oubliés, enfin des événements qui se sont accomplis depuis son inoubliable voyage jusqu'à l'établissement des Français, il y a un peu plus de huit ans, dans l'ancienne métropole du Niger.

La véritable forme du nom de Tombouctou est Tombout, un nom tout à fait analogue à celui de Tadjenout, où fut assassiné Flatters, de Tadouaout, etc. Le nombre est fort considérable, en pays berbère, de ces localités qui offrent cette caractéristique particulière de commencer et de finir par un T. Rappelez-vous, par exemple, Tougourt, Tadent, Tamezret, etc... Ce nom seul suffirait à affirmer l'origine berbère de la ville, que confirment d'ailleurs les légendes qui entourent son berceau.

L'historien de Tombouctou, Abderrahman ben Abdallah ben Imran ben'Amir Es-Sâdi, raconte, en effet, dans un des premiers chapitres de son précieux ouvrage, le *Tarikh ès-Soudan*, comment cette ville fut fondée, à la fin du v⁰ siècle de l'hégire, par des Touareg Imochar : « Ils venaient, dit-il, dans cette contrée pour faire paître leurs troupeaux durant la saison de l'été. Ils campaient sur les bords du Niger, dans le village des Amadagha (Hamtagal, au sud-ouest de Tombouctou) ; à l'automne, ils se mettaient en route et gagnaient Araouan, où ils demeuraient. C'était leur limite extrême dans la région des hautes terres.

« Enfin, ils choisirent l'emplacement qu'occupe actuellement cette ville exquise, pure, délicieuse, illustre, cité bénie, plantureuse et animée, qui est ma patrie et ce que j'ai de plus cher au monde [1]. »

« Jamais Tombouctou, continue le pieux narrateur, jamais Tombouctou n'a été souillée par le culte des idoles ; sur son sol, personne ne s'est jamais agenouillé que devant le Clément ». Le saint homme ne se doutait guère, quand il écrivait ces lignes au commencement du xviii⁰ siècle de notre ère, que, moins de deux cents ans plus tard, les Français, devenus les maîtres de ce sol sacré qui l'avait vu naître, en feraient sortir la démonstration irréfutable de cette idolâtrie antique qu'il repoussait avec une conviction si sincère.

Dans toute la région du Killi, en effet, entre Tombouctou et Goundam, les tumulus abondent aux bords des marigots, et le lieutenant Desplagnes vient d'y découvrir nombre de fétiches, d'origine franchement nigritique, en même temps que d'autres objets qui caractérisent des influences éthiopiennes ou berbères.

Cette population composite, antérieure à l'Islam, était certainement païenne, et le *culte des idoles* avait bel et bien *souillé* le sol sacré, n'en déplaise à l'auteur du *Tarikh ès-Soudan*.

« Au début, continue notre historiographe, c'est

---

[1] Cette conférence, faite le 1er juin 1902, fait partie d'une série spéciale de conférences données au Muséum d'Histoire naturelle pendant les dimanches d'avril, mai et juin.

[1] *Tarikh ès-Soudan*, trad. de l'arabe par O. Houdas (Public. de l'Ecole des Lang. orient. viv., IV⁰ Sec., vol. XIII, p. 36, Paris, 1900, in.-8⁰).

là que se rencontraient les voyageurs *venus par terre et par eau*; ils en avaient fait un entrepôt pour leurs ustensiles et leurs grains. Bientôt cet endroit devint le carrefour des voyageurs qui y passaient à l'aller et au retour. Ils confiaient la garde de leurs objets à une esclave appelée *Tombouctou*, mot qui, dans la langue du pays, signifie « *la vieille* », et c'est d'elle que ce lieu béni a pris son nom.

« Plus tard, on commença à s'établir à demeure en cet endroit, où, par la volonté de Dieu, la population alla en croissant. On y venait de toutes parts et de tous lieux, et bientôt ce fut une place de commerce. Tout d'abord, les gens de Ouaghdou (Ouagoudou) étaient ceux qui s'y rendaient en plus grand nombre, pour trafiquer; puis il vint des négociants de toutes les régions voisines.

« Auparavant, le centre commercial était à Biro (c'est le nom de Ganata ou Walata dans la langue des Songhaïs); on y voyait affluer les caravanes de tous les pays; et de

Fig. 1. — *Vue générale de Tombouctou.* (Coll. Sibut.)

grands savants, de pieux personnages, des gens riches de toute race et de tout pays s'y fixèrent; il y en avait de l'Egypte, de Audjela, du Fezzân, de Ghadamès, du Touât, du Drà, du Tafilalet, de Fez, du Sous, de Bitou, etc.

« Tout cela se transporta à Tombouctou peu à peu et finit par s'y concentrer entièrement; en outre, toutes les tribus des Sanhâdja se joignirent à ces éléments de la population. La prospérité de Tombouctou fut la ruine de Biro. »

Observons que ce fut plutôt la ruine de Walata (Biro) qui fonda la prospérité de Tombouctou. N'est-ce pas, en effet, l'invasion de cette grande oasis, au xiii° siècle, par les guerriers du Mali qui détourna vers l'ouest le chemin des caravanes, et vint assurer la fortune de la ville naissante du Niger?

« Au début, dit encore Abderrhaman, les demeures des habitants consistaient en enclos d'épines, en

paillottes, puis elles se transformèrent en huttes d'argile. Enfin, la ville fut entourée de murs très bas, en sorte que du dehors on voyait ce qui se passait au dedans. On bâtit ensuite une grande mosquée, suffisante pour les besoins, puis la mosquée de Sankoré (fig. 2); celui qui, alors, se tenait à la porte de la ville voyait ceux qui entraient dans la grande mosquée, tant à cette époque la ville avait peu de murs et de constructions. Ce fut seulement à la fin du ix° siècle (vers 1500) que la prospérité de la ville prit définitivement son essor; l'enchevêtrement des maisons et la continuité des constructions ne s'acheva que dans le milieu du x° siècle, sous le règne d'Askia Daoud, fils de l'émir Askia El Hadj-Mohammed[1]. »

Reliée au Maroc par une route de caravanes qui franchissait l'Atlas au *Val de Dara*, la nouvelle cité commerçante du pays noir ne tarda pas à étendre sa réputation jusqu'aux rives de la Méditerranée. Les cosmographes catalans connurent son nom, et l'auteur du célèbre atlas de Charles V, Jafuda Cresques, un juif majorcain, écrivait en 1375 le nom de *Tembuch* à côté d'une large case, au toit incliné, sorte de *fondouk* à l'orientale, à faible distance d'une large masse d'eau. Tout autour, des figures et des noms qui résument l'histoire de la contrée : *Sudam*, avec un grand drapeau, la représentation symbolique de la Nigritie; *Ciutat de Melli*, la capitale de l'ancien empire des Malinkés; un Targui, la tête et le visage voilés, sur son méhari coureur; enfin, un affreux nègre coiffé d'une couronne d'or, vêtu d'une longue *gandoura*, un sceptre fleuronné dans la main gauche, et dans la droite un fruit qu'il porte vers la bouche. *Aquest senyor negre es appellat musse molly. Senyor dels negre de gineua aquest roy es lo pus rich el pus noble senyor de tota esta ptida p. labondátia de lor lo qual recull en suua terra.*

---

[1] Trad. citée, p. 37.

'est Koukour Moussa, le roi de Mali ou Melli, vainqueur de Djenné, qui entre à Tombouctou en 1336 et y établit pour un siècle la domination des Mandingues.

L'empire du Mali déclinant, les Touareg, commandés par Akil, profitèrent de l'affaiblissement de leurs vainqueurs pour les expulser de la ville, dont ils furent de nouveau les maîtres pendant quarante longues années. Un Senhadja, Mohammed Naddi, était le chef de la cité, le *Tombouctou-Koï*. C'est lui qui a construit la mosquée (fig. 17) qui a porté, depuis, le nom de son premier iman, Sidi Yahya el Tadelsi, « le saint éminent, le père parfait », compagnon et ami de Mohammed. « La fin de la domination des Touareg, dit l'auteur du *Tarikh ès-Soudan*, fut marquée par d'odieuses exactions sans nombre et des actes d'une violente tyrannie. Les Touareg semaient partout la désolation ; ils entraient de force dans les maisons et y violaient les femmes ! » Le nouveau Tombouctou-Koï, Ammar, fils et successeur de Mohammed-Naddi, résolu à délivrer de cette odieuse domination la ville dont il était le chef, appela le prince belliqueux Sonni-Ali, qui venait de fonder l'empire des

Fig. 2. — *Mosquée de Sankoré, à Tombouctou*. (Coll. Sibut.)

Songhaïs. Ce fut un grand malheur pour Tombouctou et pour ses habitants. Sonni-Ali, entré dans la ville à la fin de janvier 1468, y exerça « de grands, d'immenses et terribles ravages ; il l'incendia, la ruina et fit périr un grand nombre de personnes [1] »

Les savants, qui faisaient dès lors la gloire de Tombouctou, émigrèrent en masse à Walata, pour échapper aux persécutions de Sonni-Ali, dont la tyrannie s'exerça sans résistance pendant plus de trente années. Il eut comme successeur Askia el Hadj Mohammed, et Dieu se servit du nouveau prince, suivant l'expression du pieux auteur du Tarikh ès-Soudan, « pour faire cesser les malheurs et les agitations dont souffraient » ceux de Tom-

bouctou. « Dieu favorisa le règne d'Askia-Mohammed, il lui assura de grandes conquêtes et le couvrit de son éclatante protection. Ce prince s'empara de tout le pays des Kounta jusqu'à l'océan Atlantique, du côté de l'Occident, et son autorité s'étendit de la frontière du pays de Bondoro jusqu'à Teghazzi et ses dépendances. Tous ces peuples, il les soumit par le glaive et par la force... Dieu accomplit partout ce que ce prince désirait, en sorte que Askia-Mohammed fut aussi docilement obéi dans tous ses États que dans son propre palais. Partout régnèrent une large abondance et la paix absolue. Louanges soient rendues à Celui qui favorise qui il veut de la façon qui lui plaît !... »

Les Askia conservent Tombouctou jusqu'en 1591. L'organisation d'une armée permanente, l'institution d'une administration fortement hiérarchisée, donnent au Soudan une sécurité qu'il n'avait point encore connue : le commerce se développe et se régularise, et Tombouctou voit doubler son importance matérielle, en même temps qu'elle prend dans tout le pays, au point de vue religieux et moral, une prépondérance incontestée.

Les dernières années des Askia ont marqué l'apogée de sa puissance ; Moulay-Ahmed-Eddehebi, qui y intronise la dynastie hachémite en 1591, inaugure une ère de décadence, qui se prolongera jusqu'à nos jours.

Le pays est profondément bouleversé par les dernières convulsions qui ont provoqué la chute des Songhaïs, et Tombouctou-la-Sainte, qui était devenue, par l'essor de son commerce, suivant l'expression de M. Félix Dubois, « Tombouctou la grande, la ville d'universelle renommée, la ville fabuleuse, la reine du Soudan [1] », Tombouctou est profondément atteinte dans sa fortune par les luttes qui ensanglantent l'Ouest africain tout entier. L'émeute gronde, fomentée, semble-t-il, par les

---

[1] *Tarikh ès-Soudan*, trad. cit., p. 105.

[1] F. Dubois : *Tombouctou la Mystérieuse*. Paris, 1897, in-8°, p. 268.

gens de l'Université qui sont exilés au Maroc; la disette, la peste continuent l'œuvre de la guerre civile. Les Roumas se disputent le pouvoir à l'intérieur de la cité, pendant qu'aux alentours les Touareg pillent les caravanes, de plus en plus rares, qui se risquent encore vers la ville. Les Roumas, affaiblis, consentent enfin à payer tribut aux Touareg qui, pendant trois mois, ont bloqué leurs murailles, et ces nomades n'ont plus à disputer qu'aux Foulbès, et plus tard aux Toucouleurs, le monopole des exactions et des brigandages. Les ruines s'accumulent de nouveau

Fig. 3. — *Tente de Touareg (Kel-Antassar)*. (Coll. Sibut.)

dans la ville de plus en plus dépeuplée, et, lorsque les Français franchirent, le 15 décembre 1890, l'enceinte de la vieille métropole, ils ne trouvèrent

soigneusement ses ressources réelles sous des vêtements sordides et derrière des murailles lézardées et croulantes. Chacun se faisait pauvre et misérable, pour n'être ni volé ni battu par les brigands, maîtres absolus de la rue.

« Tu les a vus, disait-on à M. Félix Dubois, les hommes voilés, tout de sombre vêtus, la poitrine et le dos comme cuirassés de talismans en cuir rouge et jaune (fig. 4)? Quand ils viennent vers nous maintenant, ils sont modestes. Mais, avant votre arrivée, leurs silhouettes sèches s'avançaient hardies et insolentes à travers la ville, appuyées sur de grandes lances en fer. Chaque année, nous leur donnions un impôt, tant en or qu'en nature : céréales, sel, vêtements, turbans, etc. Les

Fig. 4. — *Un Targui*. (Coll. Sibut.)

Fig. 5. — *Jeune fille targui, de la tribu des Kel-Antassar*. (Coll. Sibut.)

plus, dans ses demeures délabrées, que le dixième, ou à peu près, de la population qu'elle comptait sous les Askia. Tombouctou présentait alors un aspect voulu de misère et d'abandon; l'habitant, rançonné par des hôtes rapaces et détestés, cachait

chefs et leur suite étaient largement hébergés à chaque visite. Dans le désert, les caravanes qui venaient ici leur payaient un droit de passage et, de même, sur le fleuve, les navires qui se rendaient à Kabara.

« Mais tout cela ne leur suffisait pas ; c'étaient là les moindres de nos maux ! Du commencement de l'année à la fin, ils nous traitaient comme des captifs de guerre, comme des esclaves. Ils arrivaient, à tout instant, par petits groupes, et se dispersaient à travers la ville. Dès qu'on les apercevait, les maisons se fermaient. Mais eux frappaient les portes de grands coups de lance, dont partout tu peux encore voir les traces. On était forcé d'ouvrir. Sans faire attention au propriétaire ni à sa famille, ils s'installaient dans les meilleures pièces, forçant tout le monde à leur céder les coussins et les couchettes, et demandaient grossièrement à boire et à manger, exigeant du sucre, du miel, de la viande. Au moment de repartir pour leurs campements, en guise de remercie- ments, ils volaient quelque objet et cra- chaient sur leur hôte..... Au marché, ils faisaient main basse sur tout ce qui était à leur conve- nance. Dans les rues, ils dévalisaient les passants[1]. »

Neuf années d'une administration hon- nête et ferme ont as- suré la sécurité aux indigènes, et les marchands, sûrs du lendemain, restau- rent ou rebâtissent les façades demi- écroulées qui dissi-

Fig. 6. — *Une rue à Tombouctou.* (Phot. de M. Baillaud.)

mulaient leur fortune aux yeux de leurs tyrans. Des rues entières se sont ainsi relevées de leurs ruines, et les photographies de M. Baillaud nous montrent, au milieu des carrefours en bon ordre, des indi- gènes, bien vêtus, allant paisiblement à leurs affaires ou à leurs plaisirs (fig. 6 et 8).

II

Pendant sa longue existence de huit siècles, Tombouctou a été visitée et décrite par un assez grand nombre de voyageurs indigènes : Ibn-Batouta, Sidi-Ahmed, le maure de Grenade, converti sous le nom de Léon l'Africain, El Hadj-Kassem, El Hadj Abd Salem-Shabeenyi, etc. Un seul voyageur euro- péen y avait pénétré avant le commencement du xixe siècle ; c'était un matelot des Sables-d'Olonne, Paul Imbert, naufragé sur la côte marocaine,

vendu par les nomades et devenu l'esclave d'un renégat portugais qui l'emmenait à Tombouctou, où il est parvenu, dit-il, après deux mois de route, ayant fait, à ce qu'il suppose, environ 400 lieues de chemin (1670).

Un Écossais, Mungo-Park, ouvre la liste des voya- geurs scientifiques au Soudan. En 1795, celui que les nègres appelaient *l'homme à la grande barbe* atteint le premier le Niger à Segoû ; mais il succombe dans une seconde entreprise, noyé dans les fameuses chutes de Boussa avec ses quarante compagnons : il n'avait fait que passer devant le port de Tom- bouctou, où la défiance des indigènes l'avait empê- ché d'aborder.

Un autre Écossais, le major Laing, tente l'aven- ture à son tour. Le *reis*, — c'est son so- briquet soudanais, — qui, une première fois, a abordé le Ni- ger par l'Ouest, part de Tripoli et, par Rhadamès et Oualata, ar- rive jusqu'à la ville sainte (août 1826). Mais le *reis*, orgueil- leux et téméraire, se donne pour ce qu'il est réellement, c'est- à-dire un envoyé du Gouvernement an- glais, et il va par- tout, questionnant, prenant des notes, levant des plans ; on se défie de lui, on l'accuse d'espionnage et, après une visite nocturne à Kabara qui exaspère les esprits, les notables de Tombouctou le font assassiner par Sidi Moha- med el Hobeidah, chef des Maures Berabich, sur la route d'Araouan. Telle est, du moins, la ver- sion, parfaitement vraisemblable, recueillie par M. Dubois, qui a vainement cherché, d'ailleurs, à retrouver les papiers du malheureux explorateur.

Mungo Park, Peddie et Campbell, Gray, S. Laing ont vainement tenté, les uns après les autres, l'entreprise du Niger. Vainement les Anglais ont dépensé des sommes énormes pour assurer le suc- cès de leurs fastueuses expéditions. Ce que tant de missions officielles, abondamment pourvues, n'ont pas pu réaliser au prix des plus grands sacrifices, un pauvre petit Français, très modeste et très dis- cret, réduit à ses seules forces, va le mener à bon terme, avec des ressources infimes.

René-Auguste Caillié, fils de paysans des Deux- Sèvres (il est né à Mauzé le 19 septembre 1799),

[1] F. DUBOIS : *Tombouctou la Mystérieuse*, p. 273-274.

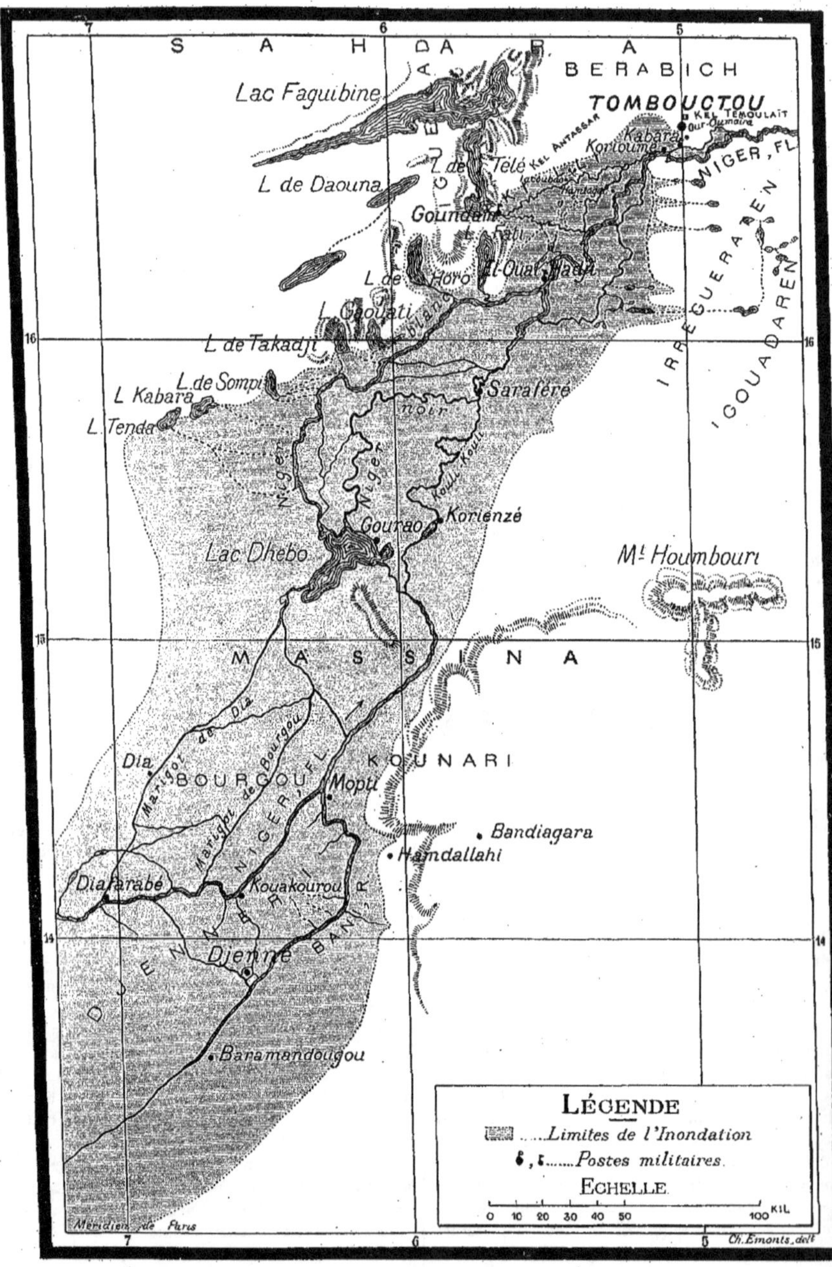

Fig. 7. — Cours du Niger supérieur, de Diafarabé à Tombouctou.

n'ayant d'autre instruction que celle de l'école primaire de son village, s'est passionné tout jeune pour la géographie africaine, et, à l'âge de seize ans, il est parti au Sénégal, avec 60 francs dans sa poche, pour traverser l'Afrique.

Une frégate et une gabare, la *Méduse* et la *Loire*, s'en vont de conserve reprendre possession de Saint-Louis, après les traités de 1815.

Caillié est sur l'une et Mollien monte l'autre.

Echappé à un naufrage cruellement mémorable, Mollien va bientôt découvrir les sources du Sénégal et de la Gambie; il est réservé à Caillié d'entrer à Tombouctou, d'y séjourner deux semaines, et de gagner Tanger, après un rude voyage de *518 jours*, au milieu de difficultés sans nombre.

Ce n'est pas le moment de reprendre, en les commentant à l'aide de nos connaissances actuelles, les récits de René Caillié. Je me borne à appeler brièvement l'attention sur quelques documents personnels, empruntés aux manuscrits originaux de l'illustre voyageur, aujourd'hui dépo-

retrouver sa famille et y reprendre sa religion. Caillié savait fort bien parler et lire, écrire et prier en arabe, — ce qu'il avait appris chez les Maures Braknas au prix de mille souffrances, — et Mandingues, Foulahs et Maures ont presque toujours traité avec sympathie le pieux voyageur.

On traverse le Fouta-Djallon, on atteint le Niger à Kankan et, après un détour vers Timmé et Douasso, on atteint Djenné, le lac Dhebo et enfin Tombouctou, où l'on parvient le 20 avril 1828.

D'autres Européens, beaucoup plus savants que Caillié, l'Allemand Barth (7 septembre 1853), l'Autrichien Lenz (1er juillet 1880), ont pénétré, depuis lors, dans la métropole des Noirs.

Ni l'un ni l'autre — nous le voyons bien aujourd'hui — n'a réussi à rendre, aussi fidèlement que Caillié, l'exacte physionomie de la mystérieuse cité.

Je ne m'arrêterai point aux critiques, d'ailleurs assez bien justifiées, qu'ont provoquées les récits de Barth, de la part des visiteurs les plus récents, de M. Félix Dubois en particulier,

Fig. 8. — *Une rue à Tombouctou.* (Phot. de M. Baillaud.)

sés à la Bibliothèque Nationale, et à la collection de Jomard, devenue la propriété du Musée d'Ethnographie de Douai. Ici, ce sont des dessins autographes, qui montrent avec quelle superbe indépendance le graveur a traité l'œuvre du grand voyageur africain ; là, ce sont des reliques touchantes, un vieux sac de nègre grossièrement raccommodé, qui a fait, au cou de Caillié, la route de Kankan à Tanger, et les humbles ficelles à l'aide desquelles l'ingénieux topographe mesurait la longueur de l'ombre d'un bâton planté dans le sol à midi. C'était là toute son astronomie. Le thème de son voyage ne lui en permettait pas d'autre. Il se donnait, en effet, pour un jeune Égyptien, enlevé de son pays comme esclave par les Français de Bonaparte, que tout le monde connaissait en Afrique, et conduit par son maître au Sénégal. Affranchi à la suite de ses loyaux services, il s'efforçait de retourner dans son pays, pour y

qui en ont contrôlé l'exactitude.

Je me borne à rappeler que l'ouvrage de Barth a eu, du moins, ce résultat de couper court aux attaques dont René Caillié avait été l'objet de l'autre côté de la Manche.

Je ne reproduirai pas non plus la relation, même fort abrégée, des diverses campagnes qui, de Médine à Ségou et à Djenné, nous ont conduits jusqu'à Tombouctou. C'est une suite de belles et de tristes pages, où nous nous retrouvons ce que nous sommes toujours, nous autres Français, dans ces guerres lointaines, courageux jusqu'à l'héroïsme, mais aussi parfois imprudents au delà de toute mesure. Quoi de plus audacieux, par exemple, mais aussi quoi de plus téméraire que cette arrivée de Buteux, sur un chaland monté par *dix-huit matelots*, suivie de la prise de possession d'une grande ville, que dominent et terrorisent, nombreux et redoutables,

les Tengueriguif, maîtres absolus du pays (15 décembre 1893) !

Puis c'est la marche de l'infortuné Aube jusqu'au lieu de son assassinat à Kourrou Meyra, l'itinéraire de Bonnier jusqu'à Takoubao, où il a succombé sous l'impétueuse attaque des Touareg, la route de Joffre retardée par l'inondation autour des lacs immenses que Lenz avait contournés sans les apercevoir, etc. Toute cette histoire de la conquête de Tombouctou a été présentée par M. Dubois d'une manière tout à fait satisfaisante et avec des documents personnels, et je n'ai rien de mieux à faire que de renvoyer à ce beau livre, dont je ne saurais trop recommander la lecture. Pour les événements qui se sont succédé depuis lors, on en trouvera le récit, écrit avec une minutieuse exactitude, dans un petit ouvrage récent, qui a pour auteur Mgr Hacquard, et pour titre : *Monographie de Tombouctou*[1].

III

Aujourd'hui, le Targui est tenu en respect, à grande distance de la ville qu'il violentait naguère. Défendue par deux forts, l'un au sud-ouest, vers le Niger, le fort Bonnier, l'autre au nord-est, à l'entrée du désert,

Fig. 9. — *Pêcheries sur le Niger.* (Coll. Sibut.)

le fort Philippe, elle est gardée par une garnison de tirailleurs soudanais encadrés de quelques Français, et, dans cette sécurité nouvelle, la vieille cité marchande s'est ressaisie et se prépare à reprendre le cours d'une existence huit fois séculaire, que les malheurs des temps avaient presque interrompue.

Déjà, pendant que Sibut fonctionnait à la tête du Service médical du Cercle de Tombouctou, le renouveau était très apparent, et ses clichés montraient maints carrefours déblayés de leurs ruines, entourés de constructions neuves. La résurrection de la ville est plus apparente encore dans les quelques photographies que M. Émile Baillaud a bien voulu mettre à notre disposition, et qui nous montrent l'état des choses au commencement de 1899[1].

Mais, avant cette visite, il nous faut dire quelques mots de la route qui mène aujourd'hui, en quelques semaines, de Paris à Tombouctou. Huit jours de vapeur conduisent de Bordeaux à Dakar. Un jour de chemin de fer nous amène à Saint-Louis, à travers cette plaine brûlante aujourd'hui toute couverte d'arachides, où Caillié endura jadis de si cruelles souffrances, quand il gagnait à pied Gorée pour rejoindre le major Gray. Puis, en huit

Fig. 10. — *Pêcheurs sur le lac Dhebo.* (Coll. Sibut.)

---

[1] Monseigneur A. Hacquard : *Monographie de Tombouctou*, accompagnée de nombreuses illustrations, et d'une carte de la région de Tombouctou. Paris, *Soc. des Études maritimes et coloniales*, 1900, 1 vol. in-12.

[1] Cf. Em. Baillaud : *Sur les routes du Soudan.* Toulouse 1902, 1 vol. gr. in-8 de 338 p. et 16 pl.

jours encore, on arrive à Kayes où le chemin de fer recommence, qui doit relier le Sénégal au Niger, mais s'arrête, pour le moment, à Bafoulabé, au confluent du Bakoy et du Bafing. Un Decauville nous mène jusqu'à Dioubéba; il reste 375 kilomètres à faire en caravane pour atteindre Bammakou. On franchit à Dion la ligne de partage des eaux, et, 40 kilomètres plus loin, le grand fleuve apparait dans « un panorama de rêve, plein de majesté et de sérénité » (F. Dubois).

C'est le Dhioliba, le fleuve des Griots, le fleuve des chanteurs, c'est le Nil des Nègres, comme on l'a souvent appelé, mais un Nil bien autrement actif que celui d'Égypte [1].

Descendu d'une chaine de montagnes relativement élevées, puissant condensateur qui se dresse exactement au centre d'une vaste région où la pluie tombe à torrents pendant la moitié de l'année, le Niger reçoit, surtout à droite, toute une série d'affluents médiocres, plus ou moins parallèles, qui enflent peu à peu sa masse. A Farana, à 100 kilomètres de sa source, il a déjà près de 100 mètres de largeur; à Kouroussa, il en atteint 150, mais il s'étale peu, dans son bief supérieur, et c'est à peine s'il couvre 1 kilomètre au moment des hautes eaux. Par contre, dès qu'il est sorti des barrages de Sotouba, libre de ses allures et grossi du Bani qui le joint à Mopti, il s'étale, chargé d'un limon fécond, dans l'immensité des plaines basses jusqu'aux murailles de Tombouctou. Ce ne sont, tout le long de cette gigantesque cuvette, que larges canaux parallèles, reliés par des canaux plus petits, réseau circulatoire, d'une abondance extrême, qui répand sans travail sur des étendues incroyables une intense fertilité [1]. On assure qu'à la hauteur de Mopti, au mois de septembre, l'inondation couvre une largeur de *140 kilomètres*.

Le Dhebo, cette mer intérieure dont la figure 10 permet d'apprécier l'étendue, sépare les deux réseaux d'amont et d'aval. Puis ce sont, toujours au milieu des complications d'un régime hydraulique exceptionnel, des paysages verdoyants, évoquant tantôt la Normandie ou le Lancashire, et tantôt aussi l'Égypte ou l'Asie antérieure. Lisez les deux merveilleux chapitres consacrés au Niger par M. Félix Dubois; ils vous laisseront un inoubliable souvenir.

Plus bas, c'est ce que l'on pourrait appeler la *région des lacs*, que Lenz a contournée sans en soupçonner l'existence. On ne compte pas moins de vingt-trois de ces nappes d'eau sur la rive gauche du fleuve. Elles occupent une large surface triangulaire, dont Tombouctou, Goundam et El-Ouabidji marquent les angles. Le plus important de ces lacs du Niger est le Faguibine, qui ne mesure pas moins de 100 kilomètres d'Ouest en Est, sur 25 kilomètres du Nord au Sud.

Dans ces plaines incommensurables, livrées ainsi tous les ans à l'influence régulière des eaux fertilisantes, poussent d'admirables récoltes où le riz domine, mais où l'on cultive aussi du mil et du tabac, du coton et de l'indigo, de l'arachide et du manioc, etc., etc. La forêt produit des essences utiles, karité, caoutchouc, etc., et la prairie nourrit de superbes troupeaux de zèbres et de moutons à longue laine, un cheval analogue à celui de Don-

Fig. 11. — *Port de Kabara, près de Tombouctou, avec pirogues de Djenné.*
(Coll. Sibut.)

---

[1] Déjà Joannes Jansson, dans sa belle carte intitulée *Guinea*, définit le Niger en ces termes : *Fluvius Niger frugiferam regionem a deserto ac sterili sejungit quin et ipse sua inundatione provinciam fœcundat haud secus ac Nilus Ægyptum.* On savait donc alors en Flandre que, dans une partie de son cours, le Niger sépare le désert de la région fertile, et l'on n'ignorait pas que son inondation, comparable à celle du Nil, féconde de vastes territoires.

[1] C'est cet état de choses que cherchait sans doute à fixer Mercia de Viladestes, lorsque, dans sa mappemonde de 1413, il dessinait la ville de *Tenbuch* au bord d'une large masse d'eau qui recevait du Sud cinq larges rivières parallèles descendant de ces *Montagnes de la Lune*, dont il prenait le nom à Ptolémée.

golah, une autruche, des abeilles, etc. L'or abondait jadis au sud de Bammakou; le fer est partout exploité et les monts Houmbouri contiennent des minerais d'antimoine et une sorte de marbre très recherché.

J'en ai dit assez, Mesdames et Messieurs, pour vous rassurer sur la nature de ce beau et riche pays, sur ses ressources, naguère encore si mal appréciées. Au Soudan, notre vieux coq gaulois aura autre chose à faire, en vérité, que de *gratter le sable*, à la plus grande joie d'un certain chancelier que vous connaissez bien!!... *Gallus, escam quærens, margaritam reperit.*

Nous sommes à Kabara, la Cabra de Caillié. Alignées devant nous sur la berge du fleuve, voici les grandes barques de Djenné qui apportent des marchandises (fig. 11). Le port de Tombouctou, tant de fois ruiné par les guerres, se relève depuis que la sécurité est revenue, et la reprise des affaires s'y manifeste par l'encombrement des quais, par les allées et venues des commerçants et des portefaix. La population est remontée à 1.200 habitants sédentaires; les passants sont plus nombreux encore.

Huit kilomètres seulement nous séparent de l'objectif de notre voyage. On fait en petite caravane

cette courte route à travers une végétation basse et touffue de palmiers nains, de mimosas, d'acacias et de gommiers. Voici Our-Oumaïra, où l'enseigne Aube et le deuxième maître Le Dantec ont succombé avec dix-huit *laptots*, Our-Oumaïra. *On n'entend pas!* Ni de Tombouctou, ni de Kabara, on n'entendait, le 25 décembre 1893, les appels de la petite troupe égorgée par les Touareg.

La piste grimpe une colline qui se dénude peu à peu. Nous atteignons le sommet d'une sorte de dune, et la ville nous apparaît à quelque distance (fig. 1). Au premier plan, à gauche, l'enceinte du fort Bonnier, qui commande l'entrée sud, et le camp des tirailleurs (fig. 12), avec son encadrement pittoresque; un peu au delà, le marché (fig. 13 et 15), reconstruit depuis la conquête, sous la forme d'un vaste rectangle, dont trois côtés sont bâtis en galeries et abritent commerçants et marchands. Plus loin encore, à droite de la rue principale qui coupe en deux la ville tout entière, la mosquée de Djinguereyber (fig. 14), une construction qui remonte au Sultan de Melli. Ce fut à son retour du pèlerinage de la Mecque, dit le *Tarikh ès-Soudan*, lorsqu'il s'empara de Tombouctou, que El Hadj Moussa fit édifier

Fig. 12. — *Camp des tirailleurs à Tombouctou.* — A l'arrière, place et grande mosquée. (Coll. Sibut.)

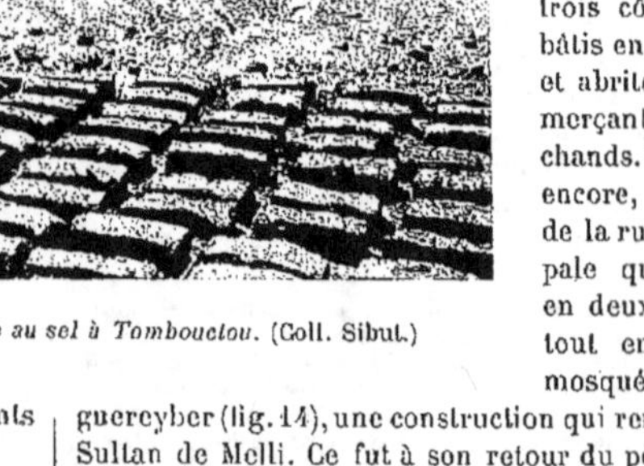

Fig. 13. — *Vue du marché au sel à Tombouctou.* (Coll. Sibut.)

cette grande mosquée et son minaret formé de cinq assises. Reconstruite en partie pour El Aqib, fils du Cadi Mahmoued, par un architecte de Merakech, Ishaq Essahily, dont une inscription commémore le souvenir au-dessus de la porte principale, elle est, comme toutes les constructions de Tombouctou, où la pierre fait défaut, essentiellement composée de briques d'argile séchées au soleil, et c'est tout à fait par exception que l'on y voit des cintres de pierres blanches, reliées par un ciment de farine de baobab. Caillié a copié, à l'in-

Fig. 14. — *La grande mosquée (Djenguereyber) à Tombouctou.* (Coll. Sibut.)

térieur de Djinguereyber, des décors en chevron peints en jaune, d'un style berbère très accusé. « Les premiers imans de cette mosquée furent des

Sankoré (fig. 2) dresse son énorme minaret à l'autre bout de la rue principale, vers l'entrée du désert. « Elle fut élevée, dit le *Tarikh ès-Soudan*, par une femme, une grande dame très riche, très désireuse de faire de bonnes œuvres, à ce que l'on raconte ; mais nous ne savons pas à quelle date cette mosquée fut bâtie... »

Sankoré devint de bonne heure un centre universitaire relativement important. Autour de la mosquée ont vécu des dynasties de lettrés, blancs et noirs, *cheiks* et *marabouts* (fig. 16), prêtres ou magistrats, priant, prêchant et enseignant, et vénérés comme des saints après leur mort. L'un des plus célèbres entre ces dévots et savants personnages fut Mah-

Fig. 15. — *Marché au bois (captives de Keli-Kounder).*
(Coll. Sibut.)

Fig. 16. — *Un marabout.*
(Coll. Sibut.)

savants nègres, jusqu'à Kalib Mousa, dont la petite place de Sousou-Dabaï consacre le souvenir. C'est là, derrière la maison de l'iman, que, sous un grand arbre, monté sur une estrade, rendait publiquement la justice au peuple de Tombouctou ce savant noir sorti de Fez. »

moud ben Godâla, le *père de l'éloge et des belles actions*, « par excellence et sans conteste le savant, le saint, le professeur, le jurisconsulte et l'iman du pays de Takrour... Sa science et ses vertus étaient célèbres dans le pays, et sa renommée s'était étendue dans toutes les contrées (*Tarikh ès-Soudan*)... »

Mais celle de Sidi Yahya lui fut supérieure encore. Cet illustre personnage, dont j'ai déjà dit quelques mots, vint à Tombouctou au début du gouvernement des Touareg. Nous savons qu'il y fut bien accueilli par Mohammed Naddi, constructeur dela mosquée de l'Ouest, le troisième, par l'importance et par l'ancienneté, des monuments religieux de la ville, dont il lui confia la direction religieuse. Yahya atteignit au plus haut degré de la science, de la vertu et de la sainteté; sa renommée se répandit par tous pays et dans tout l'Univers. Ses bénédictions se firent sentir à tous, grands et petits. Il fit plusieurs miracles et eut souvent la double vue. Le jurisconsulte, le cadi, le père des bénédictions, Mahmoud, a dit : « De tous ceux qui mirent le pied à Tombouctou, personne ne fut aussi éminent que Sidi Yahya. » Le saint, l'apôtre, le jurisconsulte, le prédicateur Abou Zeed Abderrhaman, fils de Mahmoud, dit à son tour : « Il est du devoir des gens de Tombouctou de visiter chaque jour le mausolée de Sidi Yahya pour en obtenir les bénédictions[1]... »

Sidi Yahya est mort en l'an 868 de l'hégire (1463-1464), et, depuis près de quatre siècles et demi, son souvenir est demeuré vivace.

Fig. 17. — *Mosquée de Sidi Yahya, à Tombouctou.* (Coll. Sibut.)

Fig. 18. — *Village maure à Tombouctou.* (Phot. de M. Baillaud.)

Les autres monuments de l'ancien Tombouctou sont en ruines; le palais, en particulier, dont Léon l'Africain vantait l'*industrieuse architecture*, a disparu sans laisser aucune trace. Mais il y a quelques habitations particulières qui méritent une courte description.

L'architecture en est simple; la façade est soutenue par de lourds piliers, et, lorsque la maison possède un étage (ce qui est le cas pour un tiers de la ville), cet étage est souvent orné de petites colonnes, entre lesquelles s'ouvrent des fenêtres assez finement travaillées et qui rappellent de loin le style mauresque. Pour nous rendre compte de la distribution intérieure d'une de ces maisons, pénétrons dans l'une d'elles, guidé par Mgr Hacquart. « Après avoir heurté l'anneau de fer de la porte ou bien appelé le maître du logis, nous déclarons nos noms et qualités à un esclave, et l'on nous ouvre. Cet interrogatoire et ces formalités sont un reste de la défiance imposée jadis par les Touareg. Nous entrons d'abord dans une première pièce, dite *Sâfa*. Là se tiennent quelques esclaves et même parfois leur maître; là aussi se font les visites ordinaires. Souvent encore, derrière ce vestibule, il en existe un second, également réservé aux visites. Ce vestibule donne accès dans une cour intérieure, plus ou moins vaste et entourée par les chambres particu-

[1] *Tarikh ès-Soudan*, trad. Houdas, p. 82.

lières des femmes. Dans la cour, les esclaves filent le mil, écrasent le blé ; les femmes libres filent le coton, surveillent la cuisine et reçoivent leurs amies. A moins d'être intime, on n'est guère admis dans la cour.

fortune du propriétaire le modifie en mieux ou en pis ; les plus pauvres habitants n'ont que des cases en paille (fig. 18) ; les esclaves du quartier de Belle Forandi n'ont même souvent que des tentes en cuir très basses.

Fig. 19. — *Le grand marché de Tombouctou (Marché aux ânes). (Phot. de M. Baillaud.)*

Fig. 21. — *L'azalaï, convoi de chameaux apportant le sel à Tombouctou. (Phot. de M. Baillaud.)*

« Dans le premier ou le deuxième vestibule, un escalier conduit aux terrasses, sur lesquelles s'ouvrent deux ou trois appartements formant ainsi

Fig. 20. — *Marchandes de noix de kola à Tombouctou. (Coll. Sibut.)*

un étage. C'est le lieu de réception pour les amis ou les personnages de marque...

« Quelques rares demeures ont deux cours, dont la plus retirée sert aux esclaves et à la basse-cour.

« Tel est le plan général, mais non universel, des constructions de la ville ; il va sans dire que la

« Le mobilier se compose des ustensiles de cuisine, de calebasses et parfois de caisses en bois où l'on met les vêtements et les objets de valeur, argent ou bijoux. Le lit consiste en une paillasse et quelques couvertures, étendues sur une natte ou sur un *Kara*, sorte d'estrade en bois ou en fer. Des coussins, des nattes, meublent les divers appartements ; de riches couvertures de laine multicolores forment des cloisons, des abris, des tapis. Enfin, les commerçants réservent quelques chambres pour en faire leur magasin[1]. »

Le centre des affaires est le grand marché (fig. 19 et 20), que fréquentent presque exclusivement des traitants africains, les uns venus de Tripoli ou du Maroc (ces derniers ont beau-

Fig. 22. — *Jeune fille maure. (Coll. Sibut.)*

coup diminué depuis l'affaire du Touat) ; les autres, arrivés du Sud, Songhaïs, Mossi, etc. ; d'autres enfin, nos agents noirs du Sénégal, qui ont ouvert dans ces dernières années une route commerciale nouvelle de la côte vers Tombouctou par Médine, Nioro et Goundam.

Les marchandises les plus diverses viennent

---

[1] *Monographie de Tombouctou*, p. 7-8.

s'étaler sur la place. La plus importante est le sel ; ce sont, en effet, des mines ou plutôt des carrières ouvertes à une certaine distance dans le Nord, à Taoudenit, qui fournissent la plus grande quantité de cette substance, si importante dans la consommation du monde nègre. Des salines de Thégaza, situées encore plus au nord et abandonnées à la suite de l'invasion des Marocains en 1583, l'exploitation du sel s'est transportée à Taoudenit, chez les Maures Berabich, où elle a pris, tout en demeurant fort primitive, une extension fort considérable.

Moyennant un cadeau offert aux chefs des Berabich, le marchand de sel de Tombouctou fait extraire le minéral, à ciel ouvert, par des captifs ou des travailleurs à gages, sous forme de barres, ou plaques carrées longues, assez épaisses, et d'un poids moyen de 26 k^{gr}. environ (fig.13). Des chameliers maures se chargent, moyennant une redevance, d'apporter le sel en deux étapes sur le marché de Tombouctou. C'est l'*azalaï*, caravane d'une physionomie toute particulière, que représente la figure 24, et qui peut comprendre jusqu'à 500 bêtes de charge. Ce transport est payé en nature ; sur

Fig. 23. — *Femmes de Tombouctou.* (Coll. Sibut.)

100 barres de sel chargées à Taoudenit, il n'en reste que 10 à l'arrivée au marchand : il en a laissé 20 au cheikh, 67 aux chameliers de Taoudenit à Araouan, 3 enfin à ceux d'Araouan à Tombouctou, et paie par conséquent des 90 centièmes de la valeur de sa marchandise les difficultés et l'insécurité de la route. Mais, comme le sel se vend à l'arrivée 0 fr. 75 le kilogramme et qu'il n'a coûté, malgré tout, que 0 fr. 17, il reste, comme l'on voit, au marchand le bénéfice considérable de *cinquante-huit centimes au kilogramme.*

L'importation du sel a lieu toute l'année, mais avec une prédominance considérable en faveur du second trimestre. C'est surtout à ce moment que les acheteurs se présentent en nombre pour échanger le précieux condiment contre les articles plus ou moins spéciaux qu'ils ont apportés avec eux. Ce commerce a donné lieu, en 1898, à un chiffre d'affaires que M. Baillaud évalue à 1 million 50.000 francs. Il vient encore par la voie du Sahara une cinquantaine de mille francs de tabac du Touat et de marchandises européennes : sucre guinées, toiles blanches.

Du Sénégal, il arrive d'autres marchandise

Fig. 24. — *Un four à pain à Tombouctou.* — Cette figure montre également la coiffure des femmes de Djenné. (Coll. Sibut.)

d'Europe, dont le chiffre est évalué à 160.000 francs,
L'importation s'élève ainsi à 1.260.000 francs; mais
il faut ajouter à ce chiffre, pour obtenir le chiffre
total d'affaires qui se traitent sur le marché de

Fig. 25. — *La grande mare de Tombouctou.* (Coll. Sibut.)

Tombouctou, des produits indigènes, tels que mil,
kola (fig. 20), beurre de karité, farine de baobab,
arachides, dattes, plumes d'autruches, miel, couvertures et pagnes de Ségo, rouleaux de bandes de
coton, etc., dont M. Baillaud, auquel j'emprunte ces
renseignements commerciaux, estime la valeur à
760.000 francs, qu'il faut ajouter aux 1.260.000 francs
déjà mentionnés, ce qui élève à 2.020.000
francs l'*importation totale.*

L'exportation consiste : en sel, 700.000
francs; marchandises d'Europe, 10.000; ani-
maux, 30.000; total : 740.000 francs.

Le chiffre d'affaires était ainsi évalué, pour
1898, à 2.760.000 francs, auxquels il faudrait
ajouter le prix de certaines productions agri-
coles, comme le riz, qui, n'étant soumises à
aucun droit, ne sont pas mentionnées dans
la statistique ; grâce à l'inondation, cette
céréale est très largement cultivée dans les
environs immédiats de la ville, et cette culture
ne peut pas manquer de se développer considérablement chez les sédentaires, délivrés
désormais des agressions des nomades.

Au surplus, ce qui nous touche plus parti-
culièrement dans cet exposé, c'est la consta-
tation d'une augmentation fort sensible, gage
d'une prospérité qui peu à peu revient, et qui
se traduit, en outre, par un accroissement des
plus notables de la population. Réduite, je l'ai déjà
dit, à 5.000 habitants sédentaires au moment de
la conquête, Tombouctou a plus que doublé depuis
lors et compte 12.000 résidents; la population flot-
tante s'est accrue bien plus encore et, au moment
de la saison où les transactions commerciales attei-

gnent leur maximum, c'est-à-dire de mars à juin, le
chiffre total des Tombouctiens doit osciller entre
25 et 30.000.

Les chiffres qui se rapportent à la consommation
locale comprennent 300.000 francs de marchandises
indigènes, 100.000 francs de marchandises d'Europe.

Hâtons-nous d'ajouter que tous ces chiffres
sont *des chiffres officiels*, qu'il faudrait, nous
assure-t-on, majorer considérablement. Les décla-
rations à l'aide desquelles ils ont été établis sont
notoirement inexactes : la fraude est tout à fait
coutumière chez nos nouveaux sujets, et sur cer-
tains articles, comme la poudre d'or par exemple,
elle est des plus actives et des plus difficiles à
poursuivre.

L'arabe et le songhaï sont les langues domi-
nantes. Les Songhaïs sont de beaucoup les plus
nombreux entre les indigènes (fig. 23, 24 et 26);
l'élément soudanais occidental domine considérablement chez eux ; mais on retrouve, de-ci de-là, le
type éthiopien chez les femmes de cette race, qui
sont quelquefois d'une réelle beauté. Les autres
nègres que nous reconnaissons, dans les photographies de Sibut et de M. Baillaud, sont des Mossi,
des Bambaras, des Toucouleurs. Chez ces derniers,
l'esthétique s'améliore par des mélanges foulanis.

Les races blanches de la région sont les Fouls,
apparentés de près aux Fellahs égyptiens, les Touareg, dont il ne reste sur place que de rares représen-

Fig. 26. — *Musiciennes à Tombouctou.* (Coll. Sibut.)

tants : Tinguereguif, Kel-Temoulaïl, Irrogeraten,
Igouadaren, Ilmidden ; des Arabes Berabichs,
Kountas, Allouch; des Roumas, enfin, descendants
des envahisseurs marocains.

Il faut faire une place tout à fait à part, dans la
population de Tombouctou, aux *Alfa*, aux savants,

descendants bien clairsemés de ceux qui ont fait jadis la renommée de l'Université de Sankoré, et qui continuent à prier et à enseigner dans quelques écoles. Leur importance a beaucoup diminué; mais la foi musulmane est toujours très vive dans la cité de Sidi Yahia, et M. Baillaud a fixé, à l'aide de son objectif, les scènes inoubliables qui inaugurèrent l'ouverture du Rhamadan en 1899.

A ces savants, si nombreux jadis et si attachés à l'étude, il fallait des livres, beaucoup de livres, et le commerce de la librairie manuscrite tenait, en effet, à Tombouctou une large place. Les explorateurs français qui ont les premiers visité la vieille université musulmane du Soudan, M. Félix Dubois entre autres, ont pu enrichir nos bibliothèques spéciales d'un certain nombre de bons ouvrages arabes; parmi ces acquisitions se sont notamment rencontrés plusieurs textes du précieux *Tarikh ès-Soudan*, que Barth avait seulement entrevu, et celui du *Tedzkiret en Nisiàn*, qui en est la continuation. Grâce au savant professeur Houdas, nous possédons une élégante traduction de ces deux grands ouvrages historiques, dont j'ai largement profité au cours de cette conférence.

Le Songhaï n'a pas de littérature écrite, mais il possède une littérature orale intéressante, dont Mgr Hacquard a abordé l'étude avec succès.

C'est, d'ailleurs, aux écrits de ce savant missionnaire, trop tôt enlevé à cette Afrique française à laquelle il était dévoué de toutes ses forces, que je renverrai ceux de mes auditeurs qui voudraient se familiariser plus complètement avec la vieille cité du Niger et avec ses habitants. Ils trouveront, en particulier, dans cette *Monographie de Tombouctou* dont j'ai déjà parlé, quantité de détails, dans lesquels il m'est impossible d'entrer ici, sur le climat et la météorologie, la flore et la faune, l'ethnographie et la sociologie. Mgr Hacquard était l'homme qui connaissait le mieux notre Soudan, où il avait vécu de longues années, et tous les hommes compétents s'accordent à célébrer la droiture et l'énergie de son caractère, la hauteur de son esprit et l'étendue de ses connaissances en linguistique et en ethnologie.

I V

Ici s'arrête, Mesdames et Messieurs, le rapide voyage que je m'étais chargé de vous faire accomplir, le plus commodément possible. Puissé-je, malgré d'inévitables longueurs, vous avoir donné autant de plaisir à suivre cette excursion que j'ai eu de satisfaction à la préparer. J'étais depuis de longues années un ardent défenseur de notre expansion coloniale. Mon dévouement à cette grande cause s'est peut-être augmenté encore lorsque les circonstances m'ont mis ainsi en contact plus intime avec les choses et les hommes du Niger. L'étude attentive et prolongée des événements qui se sont si rapidement succédé sur les bords du grand fleuve me montrait, dans ces lointains parages, nos compatriotes, soldats, missionnaires, explorateurs, toujours à la hauteur de la tâche admirable de pacification et de progrès qui leur était dévolue, et je m'en réjouissais patriotiquement!

Grâce à la paix qui règne maintenant sur les deux rives du *Nil des Noirs*, les ruines amoncelées pendant un long siècle d'oppression et de misère se réparent avec une surprenante rapidité. C'est un spectacle bien réconfortant pour des cœurs français que celui de la régénération d'un grand pays, autrefois si prospère, à l'ombre de notre cher drapeau !

Paris. — L. MARETHEUX, imprimeur, 1, rue Cassette. — 3359.

Revue générale des Sciences
pures et appliquées

DIRECTEUR : **LOUIS OLIVIER**, DOCTEUR ÈS SCIENCES

Avec l'an 1903, la REVUE GÉNÉRALE DES SCIENCES va entrer dans sa quatorzième année. Ce laps de temps lui a suffi pour devenir la plus importante de toutes les Revues scientifiques, attirer à elle les savants du monde entier, et s'imposer, en tous pays, à l'élite qui pense et qui travaille.

C'est à son **programme** même et à la façon dont elle lui est restée fidèle, qu'elle doit un tel succès. A une époque où il n'est plus possible de s'isoler étroitement dans une spécialité, elle rend un service de premier ordre au public instruit en le tenant constamment au courant du progrès en chaque science.

Suivant ce progrès depuis les hypothèses qui le suscitent et les expériences qui l'engendrent jusqu'à l'application qu'il comporte, décrivant les découvertes depuis le laboratoire, où elles naissent, jusqu'à l'usine, où elles aboutissent, la REVUE GÉNÉRALE DES SCIENCES a vu venir à elle des hommes de toutes professions et de toutes nationalités :

Philosophes attentifs au mouvement général des idées;

Savants, physiciens, chimistes, géologues, biologistes, médecins, etc., avides d'élargir le champ de leurs recherches;

Géographes, colonisateurs, désireux d'introduire dans leur domaine la seule méthode qui permette de le bien explorer;

Agronomes, ingénieurs, industriels, soucieux de perfectionner la technique de leurs arts;

Administrateurs, politiques, économistes, convaincus qu'il appartient aujourd'hui à la Science de régler la vie des sociétés et d'intervenir comme guide dans toutes les transactions humaines; etc., etc.

COMPOSITION DE CHAQUE LIVRAISON DE LA REVUE

La REVUE GÉNÉRALE DES SCIENCES, pour bien faire connaître le mouvement scientifique dans son ensemble, a soin de publier EN CHACUNE DE SES LIVRAISONS :

1° **Une Chronique,** ou sont signalés et décrits avec quelque développement les nouveautés ou événements scientifiques de la quinzaine écoulée;

2° **Des Articles de fond** qui exposent clairement l'état précis des grandes questions scientifiques à l'ordre du jour. Rédigés par les Maîtres de la Science, illustrés, quand il y a lieu, de gravures sur pierre ou sur bois, de photographies ou de cartes géographiques, ces articles s'appliquent d'une façon particulière à rassembler, classer et coordonner, au sujet de chaque grand problème d'actualité, toutes les recherches dont il a été l'objet, recherches éparses dans les mémoires techniques, et qu'il importe de rapprocher et de critiquer pour en saisir la portée et le véritable enseignement. La *Revue* donne ainsi à ses lecteurs, sur toutes les questions scientifiques qui s'imposent à l'attention, l'exacte *mise au point* de nos connaissances.

Non contente d'opérer cette synthèse de résultats partiels disséminés de tous côtés, elle entend prendre dans la Science une position d'avant-garde en s'efforçant de discerner et de signaler au public instruit les idées nouvelles dont le labeur contemporain semble préparer l'éclosion, les tendances variées des grandes Ecoles scientifiques en France et à l'Etranger, le sens suivant lequel s'orientent, en toute discipline, les investigations des savants;

3° **Des analyses bibliographiques** qui résument et critiquent les ouvrages récemment parus en tout ordre de science;

4° **Le Compte rendu détaillé des travaux récemment soumis aux Académies et Sociétés savantes de la France et de l'Étranger.**

5° **Les Sommaires d'environ 600 Journaux scientifiques de la France et de l'Étranger.**

Librairie ARMAND COLIN, 5, rue de Mézières, PARIS

Prix du numéro : 1 fr. 25 — *La Revue paraît à Paris le 15 et le 30 de chaque mois* — **Prix du numéro : 1 fr. 25**

ABONNEMENT ANNUEL		ABONNEMENT SEMESTRIEL	
Paris.	20 fr.	Paris.	11 fr.
Départements et Alsace-Lorraine	22 fr.	Départements et Alsace-Lorraine	12 fr.
Colonies et Union postale	25 fr.	Colonies et Union postale	13 fr.

Les abonnements partent du 15 de chaque mois.

Paris. — L. MARETHEUX, imprimeur, 1, rue Cassette.